ORDONNANCE

& Placcart des Archiduqz noz Princes souuerains, par lequel sont deffendues & interdictes toutes monnoyes de cuyure estrangieres, aussi les pattars & demyz pattars d'argent, forgez & à forger hors les pays de l'obeyssance de leurs Altezes.

EN ANVERS
Chez Hierosme Verdussen, Imprimeur de la Monnoye de leurs Altezes Serenissimes noz Princes Souuerains. 1614.
Auecq grace & Priuilege.

ORDONNANCE

& Placcart des Archiduqz noz Princes souuerains, par lequel sont deffendues & interdictes toutes monnoyes de cuyure estrangieres, aussi les pattars & demyz pattars d'argent, forgez & à forger hors les pays de l'obeyssance de leurs Altezes.

EN ANVERS
Chez Hierosme Verdussen, Imprimeur de la Monnoye de leurs Altezes Serenissimes noz Princes Souuerains. 1614.
Auecq grace & Priuilege.

Par les Archiducqz.

A Noz amez & feaulx les Gouuerneur President & gens de noſtre Conſeil Prouincial d'Arthois, ſalut & dilection : Combien que par certains noz Placcartz dernierement publiez, nous ayons deffendu & interdit à tous, d'apporter es pays de noſtre obeyſſance, aulcune monnoye de cuyure eſtrangiere, ou bien de l'allouer ou mettre à plus hault pris, que n'eſt ſtatué par noſdicts Placcartz, ce neantmoings nous ſommes deuement aduertiz, que l'on y apporte iournellement grande quantité de ladicte monnoye de cuyure eſtrangiere, & de diuerſes formes, l'eſchillant & l'allouant contre la teneur de noſdicts Placcartz, meſmes auſſi de nouueaux pattars, & demyz pattars forgez à Thore, Emmerick, Mulhem & ailleurs hors de noſtre obeiſſance au grand & irreparable prejudice de noz bons ſubiects, à quoy voulons incontinent pourveoir, deuant que le mal paſſe plusauant.

I.

POVR CE EST IL, Que, eu sur ce l'aduis de noz treschiers & feaulx les gens de noz Conseilz priué, & des Finances, aussi des Maistres generaulx de noz monnoyes de pardeça, nous auons interdit, & deffendu, interdisons & deffendons (par forme de prouision) par cestes à tous, tant noz subiectz que aultres, d'apporter, eschiller, ou recepuoir en nos dicts pays, aulcuns liartz, demyz liarts ou aultres monnoyes de cuyure, ny aussi de pattars ou demyz pattars d'argent, ja forgez, ou à forger esdicts lieux de Thore, Emmerick, Mulhem ou ailleurs, ains seullement ceulx forgez en nos monnoyes de pardeça, soubz nostre coing & armes, deffendans bien expressement toutes aultres semblables pieces estrangieres, nulles exceptees, dont, de celles que sont iusques ores venues à cognoissance, auons ordonné ausdicts Maistres generaulx de noz monnoyes, de faire imprimer les figures, afin qu'vn chascun les puisse mieulx recognoistre.

II.

Et là où quelq'vn fut attaint, apres la publication de cestes, d'auoir apporté, enuoyé, eschillé, ou receu aulcune desdictes pieces d'argent, ou de cuiure, de forge estrangiere, nous voulons qu'icelles ou bien la valeur, soyent fourfaictes, ores que la contrauention fut descouuerte, & amenée à cognoissance, trois ans apres estre commise, & que celuy qui les aura ainsi apporté, enuoyé,

uoyé, eſchillé ou receu, tombera en lamende de cent florins pour la premiere fois, & du double pour la ſeconde, & pardeſſus ce ſera corrigé arbitrairement, & là où ceulx qui en ſeroyent attaints ou conuaincuz, nauroyent le moyen de payer ladicte amende, ordonnons qu'ilz ſoyent chaſtiez publiquement, par fuſtigation de verges, ou aultrement à l'exemple d'aultres.

III.

Et en cas que quelq'vn s'oubliat ſi auant, que d'aller prendre ou leuer leſdictes eſpeces aux monnoyes eſtrangieres, où elles ſe forgent, ou bien en fit apporter ou receuoir pardeça dedans tonneaulx bales ou aultremēt, quelque notable quantité. Nous voulōs que pardeſſus la confiſcation des dictes eſpeces, celuy qui les aura apporté ou faict apporter, ſoit tenu de payer le decuple de la valeur d'icelles, & banni hors noſdicts pays pour cincq ans. Et eſtans eſtrangiers, que pardeſſus les dictes paines, ilz ſoyent fuſtigez de verges, & banniz à perpetuité.

IIII.

Au regard des liarts forgez à Boiſleducq, Rurmonde & Maeſtricht, noſtre intention eſt, qu'ilz ne ſoyent tolerez ſinon en icelles villes, & leur diſtrict, ſans pouuoir eſtre eſchillez ou receuz ailleurs, à paine de fourfaire, pardeſſus les pieces, le double pour la premiere fois, le quadruple pour la ſeconde, & pour la troizieſme fois, d'eſtre corrigez arbitrairement.

V.

Et pour tant mieulx euiter les fraudes, nous auons aussi deffendu & deffendons par cestes, que l'on ne s'auance de faire payement ou recepuoir la dicte monnoye de cuyure en rolles ou papiers, sans les ouurir & compter, à paine de fourfaire, tant par celuy qui les aura donné, comme celuy qui les aura receu, à chasque fois, cinquante florins.

VI.

Si ordonnons à tous noz officiers & Magistrats de prendre particulier soing, que ce present Placcart soit estroictement & punctuelement obserué, & qu'à cest effect ilz enuoyent leurs Sergeans en nombre de trois, separement par tour, aux trois principaulx marchez de la ville, les authorisant de veoir & visiter les vendeurs & achapteurs des victuailles, & de toutes aultres denrees & marchandises, à fin de sçauoir, comment les payemens se feront, & recepuront l'vn de l'autre, & ce depuis les huict heures du matin, iusques à ce que le marché sera acheué, à paine que si lesdicts Officiers & Magistrats n'y pouruoyent, que nous y enuoyerons des Commissaires à leurs despens.

VII.

Et pour tant mieulx faire entretenir & executer ceste nostre presente ordonnance, & encourager, tant noz officiers fiscaulx, qu'aultres qu'il appertiendra, ensemble les denunciateurs des transgressions d'icelle nostre ordonnance, & ne les degouster à faire bons debuoirs, au

moyen

moyen des abolitions, graces & pardons que tels delinquants pourroyent obtenir de nous, ou de noz Consaulx, nous auons declairé & declairons nostre intention estre, que toutes & quantesfoiz que telle grace serà poursuiuie & demandée, & que pour bonnes considerations à ce nous mouuantes, serons meuz de quicter le tiers à nous appertenant es confiscations & amendes sur ce statuees. Nous n'entendons par icelle grace frustrer nosdicts officiers & denunciateurs de ce que desia leur auons concedé & accordé, concedons & accordons par cestes, à sçauoir les aultres deux tiers desdictes paines & amendes, quant les transgressions par eulx descouuertes seront publicques, ou bien deuement verifiees, ains nous voulons & ordonnons quelles leur soyent adiugees, & les transgresseurs executez pour icelles, & pour les fraiz de iustice faictz en la poursuite, sans que les dicts transgresseurs s'y pourront opposer, par quelle voye ou soubz quel pretext que ce soit, ou puisse estre, & si par importunité ou aultrement ilz auoyent obtenu les dictes graces ou abolitions, aultrement que dict est, nous les auons declairé, & declairons par cestes subrepticement & obrepticement Impetrees, & comme telles, nulles, & de nulle valeur.

VIII.

Demeurant au sur plus tout ce qu'a esté ordonné & statué par noz ordonnances precedentes, & dont n'est icy disposé au contraire, en sa plaine force & vigueur, comme si de mot à aultre il fust icy repeté.

Et

IX.

Et à fin que de ceste nostre presente ordonnance & placcart, personne ne puisse pretendre cause d'Ignorance, nous vous mandons & commandons que incontinent & sans delay, ayez à faire publier cesdictes presentes, par toutes les villes & lieux de nostre pays & Conté d'Artois, où l'on est accoustumé faire cryz & publications, & à l'entretenement & obseruation d'icelles, procedez & faites proceder contre les transgresseurs & desobeyssans, par l'execution des paines & amendes susdictes, sans faueur, port ou dissimulation. De ce faire & qu'en depend vous donnons plain pouoir, autorité, & mandement especial, mandons & commandons à tous, que à vous le faisant, ilz obeyssent & entendent diligemment, car ainsi nous plaist il, donné en nostre ville de Bruxelles soubz nostre contreseel cy mis en Placcart le penultiesme iour de Nouembre, l'an de grace Mil, six cens, & quatorze.

Par les Archiducqz en leur Conseil.

Signé *Verreycken.*

Et est la dicte Ordonnance seellée du contreseel de leurs Altezes, en forme de Placcart.

Semblables Placcarts ont esté despechez en langue Françoise pour Luxenburg, Haynnau, Namur, Lille, Douay & Orchies Tournay & Tournesiz, Valençiennes, & Cambray, & en langue Thioise, pour Brabant, Lemburg, Geldres, Flandres, & Malinez.

Liartz & gigotz de Maeſtricht, Boiſſeducq & Ruremonde eſtans interditz & deffenduz auoir cours ſi non és dictes villes & quartiers à l'enuiron, pour l'uſage deſquelz ilz ſont eſté forgez & permis.

Liartz de Maeſtricht, forgez audict lieu.

Liartz de Boiſſeducq, forgez audict lieu.

Liartz de Ruremonde forgez audict lieu.

B

Tous aultres liartz & gigotz estrangiers, dont les figures s'ensuyuent, desia forgez, ou que lon poldroit forger, sont declarez Billons, & à nul pris,

Assçauoir,

Les liartz d'Ernestus Prince de Liege, &c. forgez audict lieu.

Liartz du Comte de Bronchorst forgez à Gronsuelt.

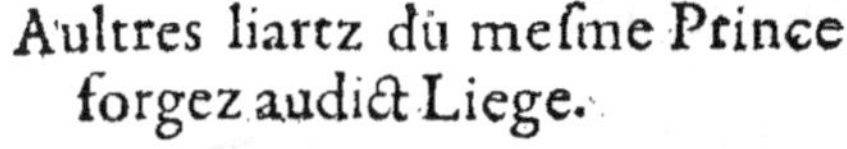
Aultres liartz du mesme Prince forgez audict Liege.

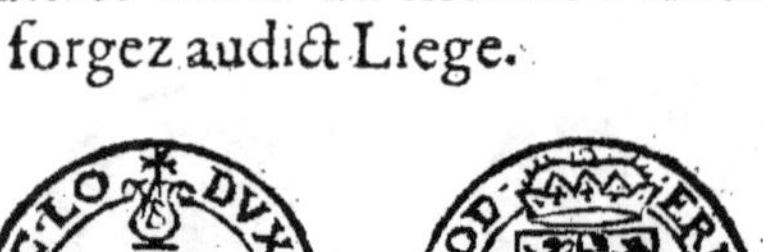

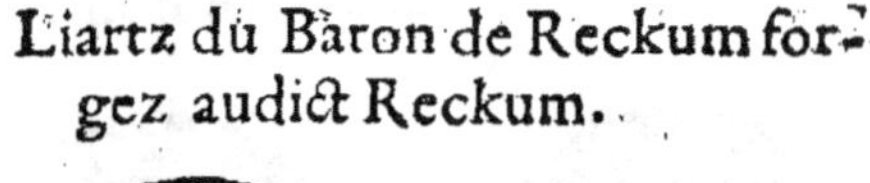
Liartz du Baron de Reckum forgez audict Reckum.

Aultres liartz dudict Prince d'Ernestus forgez à Masecq.

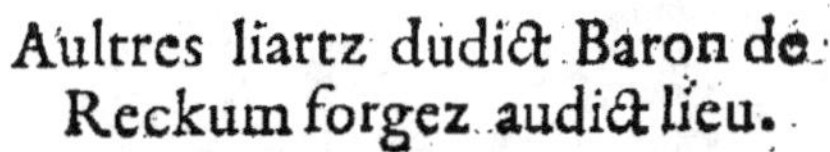
Aultres liartz dudict Baron de Reckum forgez audict lieu.

Liartz de l'Abesse de Thorn forgez au dict Thorn.

Aultres Liartz de ladicte Abesse de Thorn forgez audict lieu.

Gigotz de ladicte Abesse de Thorn forgez audict lieu.

Liartz de Mulhem auec les armes de Iulliers, Cleues, Berghes, &c. forgez audict Mulhem.

Liartz d'Emmerick auec les armes de Iulliers, Cleues, Berges, &c. forgez audict Emmerick.

Liartz du Ducq de Neuers forgez à Messieres.

Liartz du Ducq de Neuers forgez à Charleville.

Aultres dudict Ducq de Neuers forgez audict Charleuille.

B2

Liartz de Henry de la Tour Duc de Bouillon forgez à Sedan.

Liartz du Comte de Cullenbourg forgez audict Cullenbourg.

Aultres Liartz de Henry de la Tour Duc de Bouillon aussi forgez à Sedan.

Gigotz dudict Duc de Bouillon forgez audict Sedan.

Liartz de Francois de Bourbon, Prince de Conty.

Et generallement tous aultres Liartz & Gigotz estrangers.

Comme aussi tous pattars, demy pattars estrangers, dont les figures s'ensuyuent, & tous aultres desia forgez, ou encores à forger, sont aussi declairez Billons.

Pattars de Cleue forgez à Emmerick.

Pattars du Comte d'Emden, forgez audict Emden.

Pattars de l'Abesse de Thorn, forgez audict Thorn.

Demy pattars de Cleue forgez à Emmerick.

LETTRES

d'Ordonnance des Archiducqz, par lesquelles expressement est commandé l'entretenement & obseruance du Placcart dernierement publié sur le faict des Monnoyes, accompaigné de figures d'especes tenues & reputées pour billon.

Les Archiducqz.

MOn Cousin, Chiers & Feaulx, pour aultant que nous sommes deuement informez, que contre l'expresse deffense, portée par nostre Placcart dernierement publié sur le pris, & eualuatiõ des Monnoyes d'or & d'argent, qu'auons permis & tolleré d'auoir cours en noz pays de pardeça: plusieurs, tant noz subiectz, que aultres, s'auancent iournellement d'apporter en nosdictz pays, diuerses especes de Monnoyes d'or & d'argent estrangieres, qui en suyte de nostre dict Placcart doibuent estre tenues & reputées pour billon, comme nullement correspondans en valeur, & bonté intrinseque, au pris qu'on s'auance de les mettre, & eschiller. Desirans obuier à vne si grande foule, & lesion de noz subiectz, nous vous ordonnõs de incõtinẽt faire publier par toutes les villes, & lieux de nostre pays, & Conté d'Artois, où l'on est accoustumé de faire cryz & publicatiõs. Et de par nous expressemẽt deffendre à tous d'amener, mettre, eschiller, ou receuoir aulcunes desdictes pieces deffendues, aux paines cõtenues en nostre Placcart, lequel ferez quant & quant republier, auec declaration que s'ilz en ont aulcunes, de les porter, ou faire porter aux changeurs, qui leur en donneront le iuste pris qu'elles vaillent. Et à fin que l'on puisse auoir entiere cognoissance de la forme, & valeur desdictes especes, nous auons enchargé à noz Maistres generaulx des monnoyes, d'en faire dresser les figures, auec adjoinction du pris du Marcq, Once, Estrelin, & Aes, que l'on en debura payer, & vous

en

en enuoyons vne quantité d'exemplaires quant & ceste , pour les distribuer là,& ainsi que trouuerez conuenir.

Et pour tant mieulx faire entretenir,& executer ceste nostre ordonnance,auec nostre placcart dessus mentionné, & encouraiger tant noz officiers fiscaulx, que aultres qu'il appertiendra ensemble les denonciateurs des trãsgresseurs d'icelle nostre ordonnãce,&placcart,& ne les desgouster de faire bons debuoirs au moyen des abolitions,graces,ou pardons que les delinquans pourroyent obtenir de nous,ou de noz Consaulx.Nous auõs declairé,& declairons nostre intention estre,que toutes & quãtes, fois que tele grace sera poursuyuie,& demandée,& que pour bõnes considerations à ce nous mouuantes,serons meuz de quitter le tiers que nous appertient és confiscations, & amendes sur ce statuées. Nous n'entendons par icelle grace fruster nosdictz Officiers,& denonciateurs de ce queja leur auons concedé & accordé:à sçauoir les deux aultres tiers desdictes paines,& amẽdes quand les transgressiõs par eulx descouuertes seront publicques ou bien deuement verifiées: Ains nous voulons, & ordonnons qu'elles leur soyent adiugées,& les trãsgresseurs executez pour icelles,& pour les fraiz de iustice faits en la poursuyte, sans que lesdicts transgresseurs s'y pourront opposer par quelle voye, ou soubz quel pretext que ce pouroit estre. Et si par importunité ou aultrement ils auoyent obtenu lesdictes graces,ou abolitions aultrement que dit est,nous les auons declairé,& declairõs par cestes,subrepticement & obrepticement impetrées,& comme telles nulles,& de nulle valeur. A tant mon Cousin, Chiers & Feaulx nostre S^r^.vous ait en sa S^te^.garde. De Bruxelles le dernier iour de Ianuier 1614.ainsi paraphé G. V^t^. Subscript Albert, & plus bas signé Verreyken : la superscription estoit: A mon Cousin le Prince de Ligne,Cheualier de l'ordre de la Thoyson d'or, &c.Gouuerneur,Et noz Chiers & Feaulx les President & Gens de nostre Conseil prouincial d'Artois.

Semblables lettres ont esté escriptes,& enuoyées aux Gouuerneurs & Consaulx des aultres Prouinces de par deça.estans soubs l'obeyssance de leurs Altezes.

Ensuit

ENsuit le pris du Marc, Once, Estrelin & Aes des especes de Monnoye d'or & d'argent estrangiere cy apres figurée, tenues, & reputées pour billon, que les Maistres des monnoyes des Archiducqz noz Princes Souuerains & changeurs fermētez doibuent donner au peuple, sans que lesdict Maistres pourront faire aulcune deductiō pour frais de fonte ou aultrement. Et lesdicts changeurs non plus que de leur salaire accoustumé, à sçauoir le quarantiesme denier de ce qu'ils changeront audict pris, ne fust que lesdictes especes se trouuaissent per apres empirées & de moindre alloy que à present on les a recognues & qu'est declaire au dessus de chacune desdictes figures.

Double & singles Escuz de Liege forgez au Duchè du Bullō se trouuants fort differents d'alloy, si comme de 17 karatz 7. greyns, iusques a 19, karatz 2. greyns, Et ainsi le vns portants les aultres tant seulement 18. karatz. 6. greyns, Et moyennant ce vient pour

Marc ijc xix. flor. xiij. pat. xxxvj. mites.
Once xxvij. flor. ix. pat. x. mites.
Estrelin j. flor. vij. pat. xxij. mites.
Aes xlj. mites.

Vient pour piece desdictz doubles Escuz pesant iiij. estrelins xij aes vj. flor. vj. mites.

Et pour les ſingles à l'aduenant.

Florins d'or dudict Liege de xvi. karatz vi. à ix. greyns d'or fin en alloy, dont l'vn portant l'autre vient pour

Marc i^c. lxxxxvii. flor. viii. pat. xxi. mites.
Once xxiiii. flor. xiii. pat. xxvi. mites.
Eſtrelin i. flor. iiij. pat. xxxii. mites.
Aes xxxvii. mites.

Vient pour piece peſant ii. eſtrelins iii. aes ii. flor. xi. pat. xxxi. mites.

Doubles & ſingles Eſcuz de Sedan forgez ſoubs titre du Ducque de Bullon de xxi. karatz d'or fin en alloy vient pour

Marc ii^c. xlix. flor. vii. pat. xxiiii. mites.
Once xxxi. flor. iii. pat. xxi. mites.
Eſtrelin i. flor. xi. pat. viii. mites.
Aes xlvi. mites.

Et pour piece peſant iiii. eſtrelins xii. aes deſdicts doubles vi. flor. xvi. pat. viii. mites. Et les ſingles à l'aduenant.

Doubles & ſimples Eſcuz forgez ou imprimez à Sedan & Raucort ſouz le tiltre de Henry de la Tour, Ducq de Bullon, en l'an 1614. ſe trouuans preſentement empirez & differents d'alloy, ſi comme de xix. karatz vi. grains iuſques à xix. karatz iij. grains & moins, & ainſi les vns portans les aultres reuiennent tant ſeulement à xix. karatz iiij. grains or fin en alloy, & moyennant ce vient pour

Marc ij^c. xxix. flor. xi. pat. xxxij. mites.
Once xxviij. flor. xiij. pat. xlvi. mites.
Eſtrelins xxviij. pat. xxxiiiz. mites.
Aes xxxiij. mites eſcars.

Et pour piece peſant iiij. eſtrelin. xij. aes. vi. flor. vi. pat. xviij. mit.

Les ſingles à l'aduenant.

Florins d'or de Henry de la Tour Ducq de Bullon, forgez à Eſdan ou Raucourt en l'an 1614. xvi. karatz vi. grains d'or fin en alloy vient pour.

Marc i^c. lxxxxv. flor. xviij. pat. xxxvi. mites.
Once xxiiij flor. ix. pat. xlz. mites.
Eſtrelin xxiiij. pat. xxiijz. mites.
Aes xxvi. mites trois quartz.

Et pour piece peſant ij. eſtrelins ij. aes ij flor. x. pat. xxiiij. mites.

Florins de Loreyne de xvii. karatz or fin en alloy vient pour

Marc iic.i.flor.xvii. pat. xxiiii.mites.

Once xxv. flor. iiii. pat. xxxiii. mites.

Estrelin xxv. pat xi. mites.

Aes xxxviii. mites escars.

Vient pour piece desdicts Florins pesans deux estrelins,iii.aes, ii. flor.xii. pat. xxxix. mites,

Doubles & singles Testons d'argent forgez audict Duché du Bullon tant soubs titre de feu l'Euesque de Liege que du Prince Ferdinandy à present regnant de viii. deniers, xxii. greyns d'argent fin en alloy vient pour.

Marc xvii. flor. iii.pat. xiiii. mites.

Once ii. flor.ii. pat. xliiii. mites.

Estrelin ii.pat.vii. mites.

Aes iii. mites.

Et pour piece desdicts doubles Testons pesants xi. estrelins xxiii. patars. xxix. mites.

Et les singles à l'aduenant.

Teſtons de Lorayne de ix. deniers ii.greyns d'argent fin en alloy vient pour

Marc xvii.flor. ix.pat. xxxiiii. mites.
Once ii.flor. iii.pat. xxxiiii. mites.
Eſtrelin ii.pat. ix. mites. Aes iii. mites.

Et pour piece peſant vz. eſtrelins xii. pat. i. mite.

Pieces de quatre ſols de liege de iiii. deniers xx.aes. xxi. greyns d'alloy vient pour

Marc ix. flor. vi. pat.xlii. mites.
Once i. flor. iii.pat. xvii. mites.
Eſtrelin i. pat. viii. mites. Aes ii. mites.

Et pour piece peſant ii. eſtrelins xxiiii.aes, iii. pat.x. mites.

Pieces de trois sols dudict Liege, de v. deniers. ij. greyns d'alloy vient pour
Marc ix. flor. xv. pat. xxxiiij. mites.
Once i. flor. iiij. pat. xxij. mites.
Estrelin i. pat. x. mites.
Aes ij. mites.
Et pour piece pesant ij. estrelins, ij. pat. xx. mites.

Pieces de deux sols dudict Liege de iiij. deniers vj. à viij. greyns d'argent fin en alloy vient pour
Marc viij. flor. v. pat. xi. mites.
Once i. flor. xiij. mites.
Estrelin i. pat.
Aes i. mite.
Et pour piece pesant i. estrelin xviij. aes i. pat. xxix. mites.

Sols dudict Liege de ij. deniers xxi. greyns d'argent fin en alloy vient pour
Marc v. flor. xiiii. pat. ii. mites.
Once xiiii. pat. xiii. mites.
Estrelin xxxiiii. mites.
Aes i. mite.
Et pour piece pesant i. estrelin v. aes. xxxix. mites.

Pieces forgées au pays de Iuliers de vi. deniers, xxi. greyns d'alloy vient pour

Marc xiij.flor.iiij.patars xxxiij. mites.
Once i. flor.xiij. pat. iiij.mites.
Estrelin i. pat.xxxi.mites.
Aes ij. mites.

Et pour piece pesant iij. estrelins, x. aes, v.pat. xxiij. mites.

Aultres pieces de ij. sols dudict Liege de iiij. deniers, v. à xvi. greyns d'alloy. Et ainsi l'vn portant l'autre vient pour

Marc viij.flor. x.pat. xl. mites.
Once i. flor.i.pat. xvij. mites.
Estrelin i pat. iij. mites. Aes i. mite.

Et pour piece pesant i. estrelin, x. aes, i. pat. xx.mites.

Ducatons de xi. deniers vi. greyns d'argent fin en alloy, vient pour

Marc xxi. flor. xiij. pat. vi. mites.
Once ij. flor. xiiij. pat. vi. mites.
Estrelin ij. pat. xxxiiij. mites.
Aes iiij. mites.

Et pour piece pesant xxz. estrelin, lvz. patars.

Daldre de Svvede de ix. deniers xxij. greyns d'alloy vient pour

Marc xix flor. i. pat. xxxviij. mites.
Once ij. flor. vij. pat. xxxv. mites.
Estrelin ij. pat. xviij. mites.
Aes iij. mites.

Et pour piece pesant xiij. estrelins. xxxi. pat.

Daldre de Campen de ix. deniers d'argent fin en alloy vient pour

Marc xvij. flor. vi. pat. xxiiij. mites.
Once ij. flor. iij. pat. xv. mites.
Estrelin ij. pat. viij. mites.
Aes iij. mites.

Et pour piece pesant xxii¾. estrelins, ij. florins, viij. patars, viij. mites.

Le demy daldre de la mesme forge & alloy, vient pour marc, once, estrelin & aes comme dessus, & pour piece à l'aduenant.

Daldres de Sedan forgez ſoubs titre du Duc de Bullon de viii. deniers, xxiij. greyns d'alloy vient pour

Marc xvij. flor. iiij. pat. xliij. mites.
Once ij. flor. iij. pat. v. mites.
Eſtrelin ij. pat. viij. mites. Aes iii. mites.

Et pour piece peſant xiii. eſtrelins, xxviii. pattars.

Aultres Daldres dudict Henry de la Tour, Ducq de Bullon, forgez ou imprimez à Sedan & Raucourt auecq l'Aigle à vn coſté, & à l'aultre auec les armoiries dudict Ducq marquees XXX. & datees 1613. empirez, & ne contenants preſentement que huict deniers douze greyns d'alloy, & moyennant ce vient pour.

Marcq xvi. flor. vij. patars xii. mites.
Once ij. flor. xliiiz. mites.
Eſtrelin ij. pat. ij. mites large.
Aes iij. mites large.

Et pour piece peſant treize eſtrelin, xxvi. pat. xxviij. mites.

Daldres auecq l'Effigie de Henry de la Tour Ducq de Bullon forgez ou imprimez à Sedan & Raucourt, d'vn costé, & à l'aultre ses armoiries marquees XLV. & datees sur la Couronne de l'an 1614. differentz d'alloy, cy comme de ix. deniers iusques à viij. deniers xviij. greyns & moins, & ainsi les vns portants les autres tant seulement à viij. deniers xx. greyns, & moyennant ce vient pour

Marc xvij. flor. iiij. mites,
Once ij. flor. ij. pat. xxiiiiz. mites,
Estrelin ij. pat. vi. mites,
Aes iij. mites.

Et pour piece pesant xixz. estrelins xvi. aes, xxxix. pattars xxj. mites.

Daldre de Neuers de viij. deniers xxiij. greyns d'alloy, vient pour marc, once, estrelin, aes, & piece comme deuant desdicts de Sedan, de xxviij. pattars.

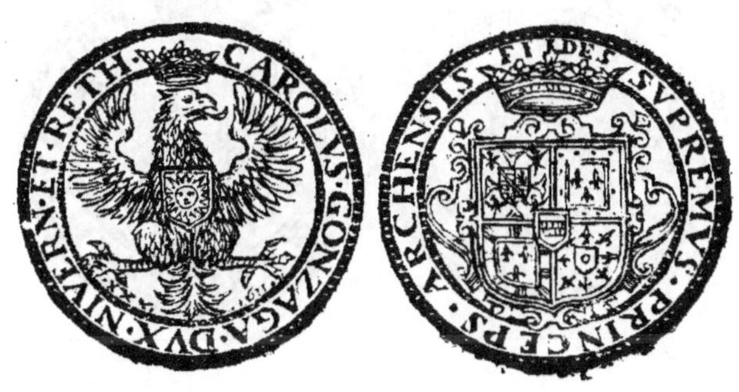

Dalders de Ferrare de viij. deniers, xij. greyns d'alloy, vient pour

Marc xvi flor. vij. pat. xij. mites.
Once ij. flor. xliij. mites.
Estrelin ij. pat. ij. mites.
Aes iij. mites.

Et pour piece pesant xvij. estrelins. xxxiiij pat. xxxvij. mites.

Daldres de Mantua de viij. deniers d'argent fin en alloy vient pour

Marc xv. flor. viij. pat.
Once i. flor. xviij. pat. xxiiij. mites.
Estrelin i. pat. xliiij. mites.
Aes ij. mites.

Et pour piece pesant xviii½. estrelins xxxv. pat. vi. mites.

Teſtons de Sauoye de vii. deniers, xii. greyns d'alloy vient pour
Marc xiiii. flor. viii. pat. xxxvi. mites.
Once i. flor. xvi. pat. iiij. mites.
Eſtrelin i. pat. xxxviii. mites. Aes ij. mites.
Et pour piece peſant iiij. eſtrelins. xx. aes. viii. pat. xvi. mites.

D'aldre du Conte de Taſſa de vii. deniers, vi. greyns d'alloy vient pour
Marc xiii. flor. xix. pat. vi. mites.
Once i. flor. xiiii. pat. xlii. mites.
Eſtrelin i. pat. xxxvi. mites. Aes ii. mites.
Et pour piece peſant xvii. eſtrelins. viii. aes, xxx. pat. iiii. mites.

Aultre piece dudict Conte de Taſſa de viii. deniers d'argent fin en alloy vient pour Marc xv. flor. viii. pat.
Once i. flor. xviii. pat. xxiiii. mites.
Eſtrelin i. pat. xliiii. mites. Aes ii. mites.
Et pour piece peſant iiii. eſtrelins, xii. aes viii. pat. xx. mites.

Daldres auec vn Escuysson Coronné de v.deniers viij greyns d'alloy vient pour.

Marc x.flor.v.pat. xvi.mites.
Once i.flor.v. pat. xxxij.mites.
Estrelin i.pat. xiij.mites.
Aes ij. mites.

Et pour piece pesant xviii½. estrelin xxiiij.pat. iij.mites.

Pieces de six blancz de Neuers de iiij.deniers vi. greyns d'alloy vient pour

Marc viij. flor. iij.pat. xxx. mites,
Once i. flor. xxij. mites.
Estrelin i. pat. i.mite.
Aes i. mite.

Et pour piece pesant ij. estrelins, ij.pat. ij. mites.

Le tout au pris de xx. pattars chascun florin, & chascun pat. de xlviij. mites, ou ij. gros monnoyes de Flandres.

Patars nouuellement forgez au pays de Cleue & d'Oostfrise pareillement tenus & reputez pour billon de ij. deniers xi. à xij. greyns d'argent fin en alloy vient pour

Marc iiij. flor. xviij. pat. xvi. mites.

Once xij. pat. xiiij. mites.

Estrelin xxix. mites.

Aes i. mite escars.

Et pour piece pesant i. estrelin, i. aes i. bitremont ou xxx. mites de Flandre.

Patars de l'Abesse de Thorn, forgez audict Thorn de deux deniers dix greyns en alloy vient pour

Marc iiij.flor. xvj. patars ix mites.

Once xij.patars vne mite

Estrelin xxiij.mites iij.quartz

Aes vne mite escars.

Et pour piece pesant vn estrelin quatre aes xxxiij. mites escars.

Demy patars : nouellement forgez au pays de Cleues à Emmerick de deux deniers d'argent fin en alloy vient pour

Marc iij. florin.xix.patars xv.mitez

Once ix. patars xliiij.mites.

Estrelin xxiij. mites & iij.quart d'vne mite.

Aes iij. quart d'vne mite escars.

Et pour piece pesant demy estrelin douze mites ou vn quart d'vn patar escars.

LEVRS ALTEZES SER^mes NOS Princes Souuerains, desirans qu'vn chascun puisse auoir coignoissance des pieces d'or & d'argent nouuelles, n'aguerres ordonneez, & qu'à present on forge au nom, tiltre, armes & figures d'icelles, ont voulu, & commandé aux Maistres Generaulx de leurs Monnoyès de pardeça, de faire imprimer les figures deſdictes pieces tant des deniers d'or que d'argent auec declaration de leur pris & poix comme s'ensuit.

VNE piece d'or nommee le double Souuerain, de hault aloy pesant vij. estrelins ix. aes escars au pris de xij. florins ou xl. solz de gros, monnoye de Flandres la piece.

Le simple Souuerain de mesme aloy des doubles reaulx d'or cy deuant forgees, par feu l'Empereur Charles V. de tres-haulte memoire, & Philippus le Roy Catholique d'Espaigne pesant iij. estrelins xij. aes & demy, escars au pris de vi. florins, ou xx. solz de Flandres la piece.

Doubles tiers dudict Souuerain pareillement d'or fin, pesans ij. estrelins ix. aes escars au pris de iiij. florins ou xiij. sols iiij. deniers gros dicte monnoye de Flandres la piece.

Demy Souuerains d'aloy comme lesdictz doubles & le poix à l'aduenant au pris de trois florins, ou x. sols de gros la piece, monnoye de Flandres.

Escu de hault aloy pesant ij. estrelins vij. aes deux tiers large, au pris de trois florins douze patars, ou douze sols de gros monnoye de Flandres la piece.

VNe piece d'Argent de haut aloy nommee Souuerain d'argent, pesant xviij. estrelins xiiij. aes, au pris de xlviij. patars ou viij. solz de Flandres la piece

Vne autre de mesme haut aloy estant la moitie dudict Souuerain pesant ix. estrelin, vij. aes & est au pris de xxiiij. patarts ou iiij. sols de Fla ndr piece.

Vne autre d'argent pareillement de mesme haut aloy estant le quart dudict Souuerain, pesant iiij. esterlins xix. & demy aes escars, au pris de xij. pat. ou deux sols de Flandres la piece.

Singles solz de moindre alloy estans le viij. part dudict Souuerain pesans trois estrelins xiiij. & demy aes, au pris de six patars la piece.

Le nouueau Patart pesant vn estrelin. viij. aes, qui se allonera pour vn patart ou deux gros de Flandres la piece.

Le nouueau demy Patart, pesant vingt & vn aes, & vn quart, qui se allonera pour vn demy patart ou vn gros de Flandres la piece.

Le Liart ou quart dudict Patart du poix à l'aduenant le dict demy Patart qui se allonera pour vn liart ou douze mites de Flandres la piece.

Le tout aux remedes accoutumez & à l'aduenant, que sur autres pieces semblables est ordonné & accordé.

Sommaire du Priuilege.

ALBERT & ISABELLA *Clara Eugenia, Infante d'Espaigne, par la grace de Dieu Archiducqz d'Austrice, Ducqz de Bourgoigne, &c. A tous ceux qui ces presẽtes verront, salut. Receu auons l'humble supplication de Ierosme Verdussen, contenante, qu'il nous auroit pleu luy accorder Priuilege, à la seclusion de tous aultres. A fin de pouuoir Imprimer toutes les affaires concernans noz monnoyes, auec deffence, à tous aultres Imprimeurs de ne les pouuoir contrefaire: & que non obstant icelles, aucuns Imprimeurs se sont aduãcez de cõtrefaire lesdictes Eualuatiõs, dont le suppliãt s'est aduisé de prendre son recours vers nous.* SCAVOIR FAISONS *doncques, que nous inclinans fauorablement à la requeste dudict suppliant, luy auons octroyé, & octroyons en luy donnant congé par ces presentes, qu'il puist & pourra seul, vendre & distribuer, par tous noz pays de pardeça toutes noz causes concernans noz monnoyes, comme eualuations, permissions, Placcartz, tollerations, liures de noz deniers d'or & d'argent, aussi bien eualuez que non eualuez. Si auons defendu, & defendons bien expreßement à tous aultres Imprimeurs, tailleurs, graueurs, & libraires, iceux liures ou liuretz, permissions, Placcarts, & tollerations, & tout ce que peult toucher le faict des monnoyes, d'en suyure, contrefaire, ou imprimer ou de vendre, imprimez en noz pays de pardeça sans le consentement dudict suppliãt, soit en vertu de quelque priuilege particulier, qu'ilz ont, ou pourroiẽt auoir des Gouuerneurs, noz Consaulx prouinciaulx, Magistratz, à paine de confiscation desdictz exemplaires, & pardessus ce, de trois florins Carolus d'amẽde pour chacun exemplaire qu'ainsi sera imprimé ou vendu; Applicable selon le contenu du Priuilege. Si donnons en mandement à noz les Chief President & Gens de noz Priué & grand Consaulx, Presidens & Gens de noz Consaux Prouinciaux à Luxemborch, Flandres, Artois & Namur, Grand Bailly de Haynau, & gens de nostre Conseil à Mons, Gouuerneur de Lille, Douay & Orchies, Bailly de Tournay & Tournesis, Preuost le Comté à Valenciennes. Escoutette de Malines, & tous aultres qu'il appertiendra. Que de ceste nostre presente grace, ilz facent, & laissent ledict suppliant plainement iouir, sans luy faire, n'y souffrir estre faict, aucun empechement au contraire: Car ainsi nous plaist il. En tesmoing de ce, nous auons faict maictre nostre scel à ces presentes, donné en Bruxelles le 2. d'Octobre l'An M.DC.X.*

Par les Archiducqz en leur Conseil. *Enghien.*

LE mesme Priuilege est renouuellé & declairé auec plus ample defence à tous aultres Libraires de ne point imprimer aucune chose concernante la monnoye susdicte sur peines prealleguees. Faict ainsi en Bruxelles soubs le seel secret de leur dictz Altezes, le 30. de May 1614.

Signé *Le Comte.*

www.ingramcontent.com/pod-product-compliance
Lightning Source LLC
LaVergne TN
LVHW050503160826
845677LV00003B/909